CATALOGUE

DES

TABLEAUX MODERNES

Par

J. BAIL, BONVIN, BOUDIN, CARRIÈRE, CHÉRET,
COROT, COURBET, E. DELACROIX, A. DE DREUX, FROMENTIN, GUILLAUMIN,
HARPIGNIES, CH. JACQUE, G. MICHEL, CLAUDE MONET, PISSARRO,
RAFFAELLI, ROQUEPLAN,
SISLEY, TROYON, VOLLON, ETC., ETC.

AQUARELLES — DESSINS — PASTEL

DONT LA VENTE AURA LIEU A PARIS

HOTEL DROUOT, SALLE N° 6

Le Jeudi 11 Mars 1909

à deux heures et demie

COMMISSAIRE-PRISEUR : **Me HENRI BAUDOIN**

Successeur de Me PAUL CHEVALLIER

10, rue Grange-Batelière

EXPERTS

MM. DURAND-RUEL
16, rue Laffitte

M. JULES FÉRAL
7, rue Saint-Georges

EXPOSITIONS

PARTICULIÈRE : *Le Mardi 9 Mars . . .* } *de 2 heures à 6 heures.*
PUBLIQUE : *Le Mercredi 10 Mars.* }

CONDITIONS DE LA VENTE

La vente se fera au comptant.

Les acquéreurs paieront *dix pour cent* en sus des enchères.

Paris. — Imp. de l'Art, Ch. Berger, 41, rue de la Victoire.

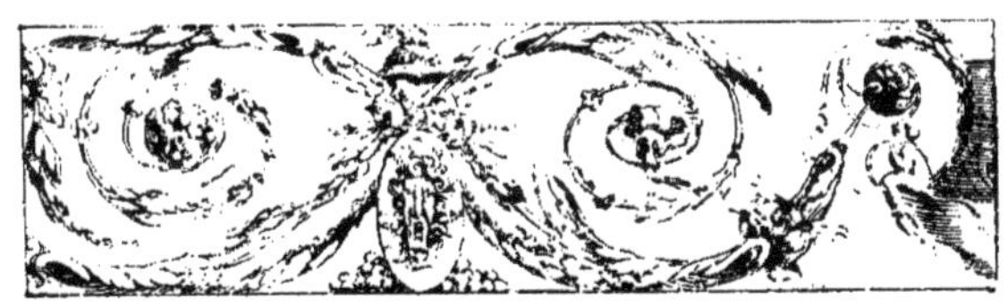

DÉSIGNATION

AQUARELLES, DESSINS
PASTEL

CHÉRET
(JULES)

1 — *La Jeune Femme en jaune.*

Assise sur une chaise, elle tient une bouteille et un verre à madère ; sur ses genoux, un chat.

Signé à droite.

Pastel. Haut., 1 m. 12 cent.; larg., 80 cent.

DEVÉRIA
(EUGÈNE)

2 — *Charles IX visitant l'Amiral Coligny blessé.*

Importante aquarelle signée à droite.

Haut., 46 cent.; larg., 36 cent.

GÉRICAULT
(THÉODORE)

3 — *Vénus et l'Amour.*

Au verso, soldat combattant.

Aquarelle. Haut., 20 cent.; larg., 36 cent.

HARPIGNIES
(HENRI)

4 — *Soleil couchant à Saint-Privé.*

Un ciel où les nuages se heurtent pour de prochaines giboulées; des arbres aux branches sans feuillage. A droite et à gauche, un terrain qui se relève légèrement en pente douce. Un sol où l'on ne voit encore qu'une herbe rare.

Aquarelle. Signée à gauche et datée : *89.*

A droite en bas : *Saint-Privé, avril.*

Haut., 24 cent.; larg., 36 cent.

HARPIGNIES
(HENRI)

5 — *Les Petits Pêcheurs.*

Des enfants jouent dans une mare parmi les roches; au second plan, une clairière.

Aquarelle. Signée : *1855.*

Haut., 23 cent.; larg., 18 cent.

HARPIGNIES
(HENRI)

6 — *Les Bords de la Loire.*

Aquarelle. Signée et datée : *1895.*

Haut., 20 cent.; larg., 30 cent.

HARPIGNIES
(HENRI)

7 — *L'Étang.*

Il est entouré d'arbres, d'arbustes et de roseaux, reflétant dans ses eaux calmes un ciel nuageux.

Aquarelle. Signée et datée : *1852.*

Haut., 22 cent.; larg., 15 cent.

HARPIGNIES
(HENRI)

8 — *Le Quai du Louvre.*

Aquarelle. Signée et datée : *1882.*

Haut., 17 cent.; larg., 26 cent.

HARPIGNIES
(HENRI)

9 — *Une Ferme à Magny.*

Aquarelle. Signée et datée : *1862.*

Haut., 18 cent.; larg., 24 cent.

HARPIGNIES
(HENRI)

10 — *Le Feu de bois.*

Devant un pan de mur, deux bergeres assises tricotent en se chauffant.
Aquarelle. Signée et datée : *76*.

Haut., 17 cent.; larg., 12 cent.

HARPIGNIES
(HENRI)

11 — *Vue de Carqueiranne.*

Dessin au lavis d'encre de Chine. Signé et daté : *1896*.

Haut., 12 cent.; larg., 17 cent.

HARPIGNIES
(HENRI)

12 — *Paysages.*

Six dessins au lavis d'encre de Chine.
Signés et datés.

HARPIGNIES
(HENRI)

13 — *Vues de Morlaix et des bords de la Loire.*

Trois dessins au lavis d'encre de Chine dans le même cadre.
Signés et datés.

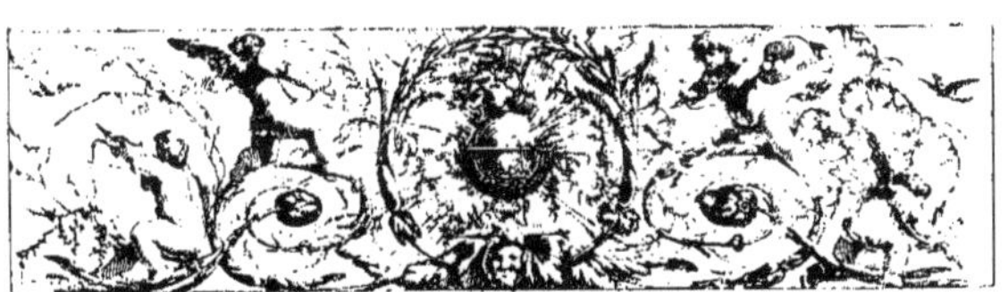

TABLEAUX MODERNES

BAIL

(JOSEPH)

14 — *Nature morte.*

Un plat de fromage, un couteau, une cloche de cristal, deux pommes et une bouteille.

Signé à droite.

Toile. Haut., 45 cent.; larg., 55 cent.

BELLEL

(FRANÇOIS)

15 — *Paysage d'Italie.*

Au centre, une femme portant une cruche sur la tête.

Signé à gauche et daté : *1851.*

Bois. Haut., 35 cent.; larg., 25 cent.

BERCHÈRE

(NARCISSE)

16 — *L'Oasis.*

Des Arabes se reposent à l'ombre de hauts palmiers.

Toile. Haut., 30 cent.; larg., 40 cent

BLUM

(MAURICE)

17 — *L'Escamoteur.*

De nombreux personnages sont réunis devant une auberge autour d'un charlatan.

Signé à gauche.

Toile. Haut., 38 cent ; larg., 61 cent.

BONHEUR

(ROSA)

18 — *Étude de Sangliers. (Debout ou couchés.)*

Toile. Haut., 46 cent.; larg., 55 cent.

(*Vente après décès de l'artiste.* N° 430.)

BONVIN

(FRANÇOIS)

19 — *L'Ecole des petites filles.*

Signé à droite.

Bois. Haut., 19 cent.; larg., 24 cent.

Cadre en bois sculpté.

BOUDIN

(EUGÈNE)

20 — *Voilier dans le port du Havre.*

Bois. Haut., 26 cent.; larg., 20 cent.

CARRIÈRE

(EUGÈNE)

21 — *Portrait d'Henri Rochefort.*

Signé à droite.
Au dos la mention : *Grisaille, Henri Rochefort.* N° 75.

Toile. Haut., 47 cent.; larg., 39 cent.

COROT

22 — *A Saint-Nicolas, près Arras.*

Au premier plan, deux femmes assises à l'ombre de quelques arbres; plus loin, une vache. Sur la droite, un cours d'eau se perdant dans les vapeurs du matin.

(*Vente Corot, 1875. N° 216.*)

(*Vente Lavocat, 3 décembre 1888.*)

Toile. Haut., 64 cent.; larg., 80 cent.

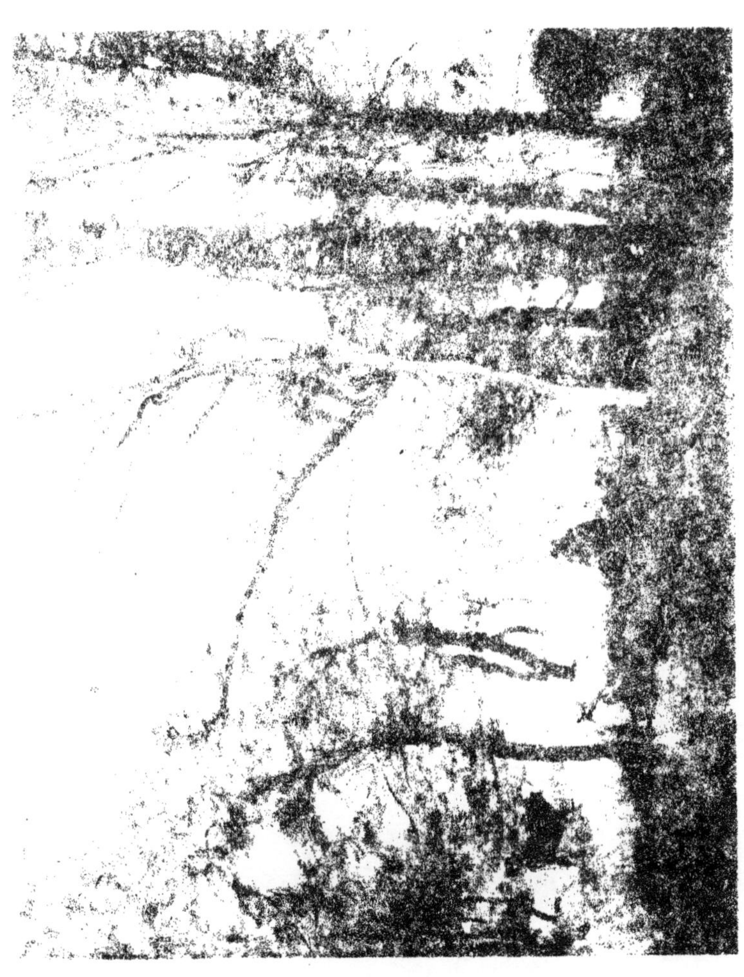

COROT

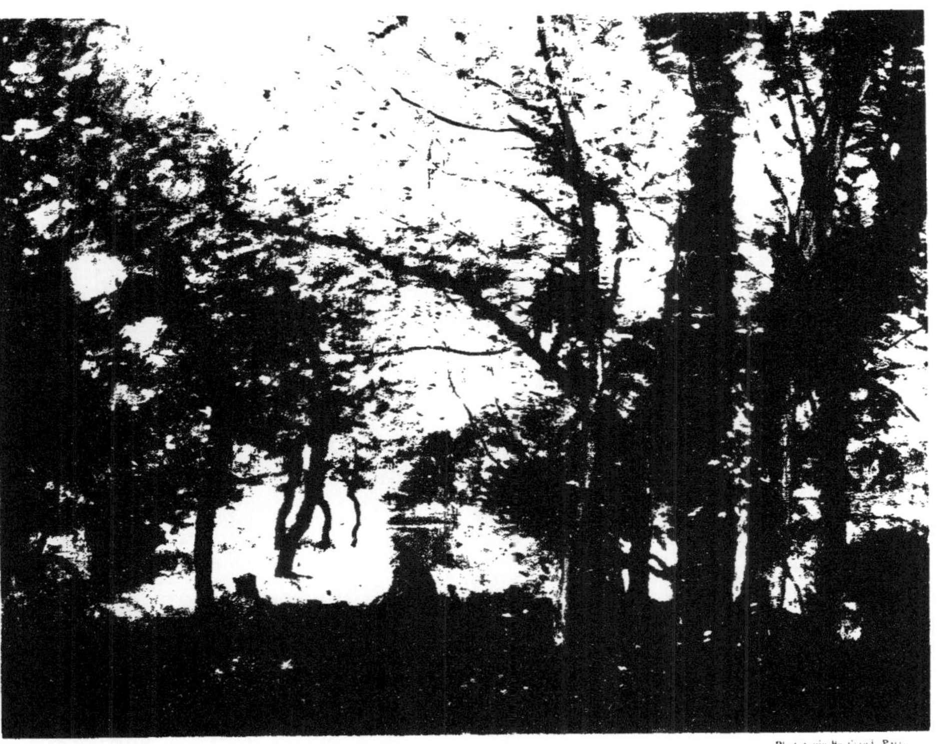

Phototypie Berthaud, Paris.

N° 22

COROT

23 — *Paysage d'Italie.*

Étude portant le cachet de la *Vente Corot.*

Toile. Haut., 24 cent.; larg., 33 cent.

COURBET

(GUSTAVE)

24 — *Un Ruisseau dans les rochers.*

Belle esquisse entièrement faite au couteau à palette.
Signée à gauche.

Toile. Haut., 60 cent.; larg., 40 cent.

COURBET

(GUSTAVE)

25 — *Paysage d'hiver.*

Un cerf et une biche se promènent dans une clairière couverte de neige.
Signé à droite.

Toile. Haut., 63 cent.; larg., 78 cent.

DELACROIX

(EUGÈNE)

26 — *La Mort de Lara.*

Le guerrier portant une cuirasse est étendu sur le sol, la tête appuyée sur les genoux de Kalès couverte d'un manteau rouge laissant la poitrine nue. La scène se passe dans un beau paysage accidenté coupé par une rivière. On aperçoit, vers le fond, des cavaliers se livrant un combat acharné.

Œuvre remarquable du maître, signée à gauche et datée : *1847*. Ce tableau a figuré au Salon de 1848, il est cité sous le n° 1006 dans le Catalogue de l'*Œuvre d'Eug. Delacroix*, par A. Robaut.

Toile. Haut., 50 cent.; larg., 64 cent.

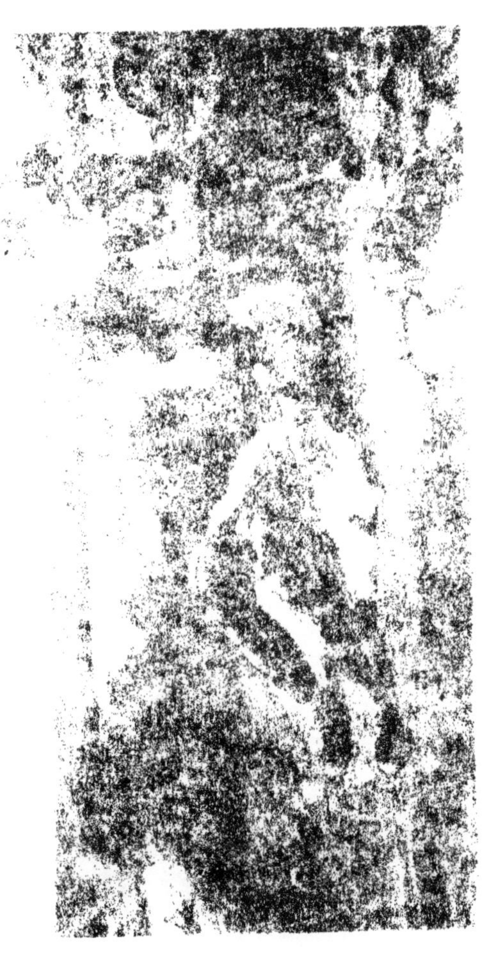

EUG. DELACROIX

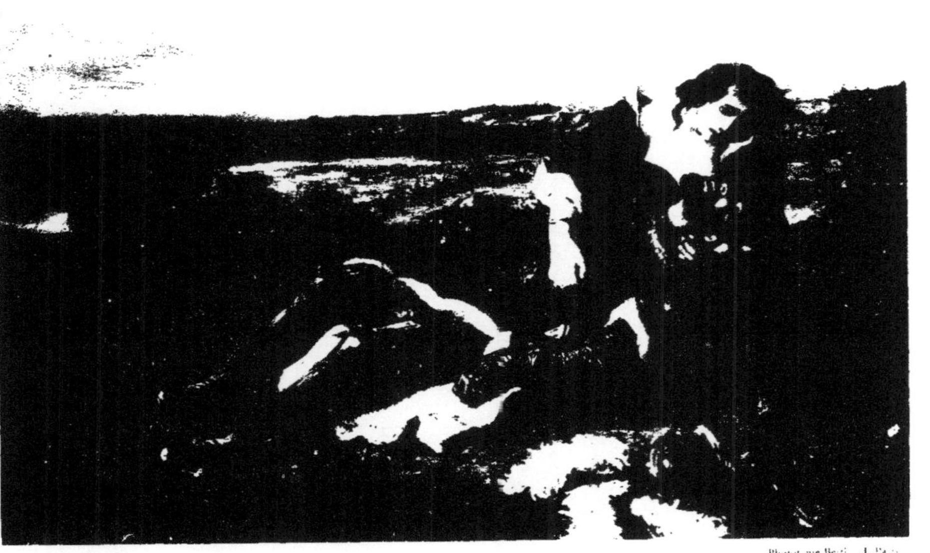

Phototypie Berth[illegible] J. Paris

N° 26

DELACROIX

(E.)

27 — *Faust, Méphisto et le barbet.*

Esquisse sur carton.

Haut., 37 cent.; larg., 29 cent.

(*Vente Andrieu.* N° 180 du Catalogue.)

DELAUNAY

(JULES-ÉLIE)

28 — *La Descente à Ischia.*

Toile. Haut., 41 cent.; larg., 27 cent.

DREUX

(ALFRED DE)

29 — *Dans la Forêt de Pierrefonds.*

Une amazone en bleu sur un cheval alezan, auprès de la pièce d'eau de Pierrefonds, dont on aperçoit au loin le château féodal.

Signé à droite, en bas.

(*Collection Rosa Bonheur. Vente du 5 juin 1900.* N° 1918.)

Toile. Haut., 65 cent.; larg., 55 cent.

FROMENTIN

(EUGÈNE)

30 — *Le Simoun.*

Sous un ciel gris et lourd, trois cavaliers arabes sont surpris par le simoun. Un vent chargé de sable souffle avec violence, agitant leurs burnous en tout sens et couchant à terre les herbes qui les environnent.

Un des chevaux, solidement campé sur ses jambes, semble manifester une grande frayeur, tandis que les deux autres s'abritent derrière lui.

Signé à gauche.

Toile. Haut., 45 cent.; larg., 65 cent.

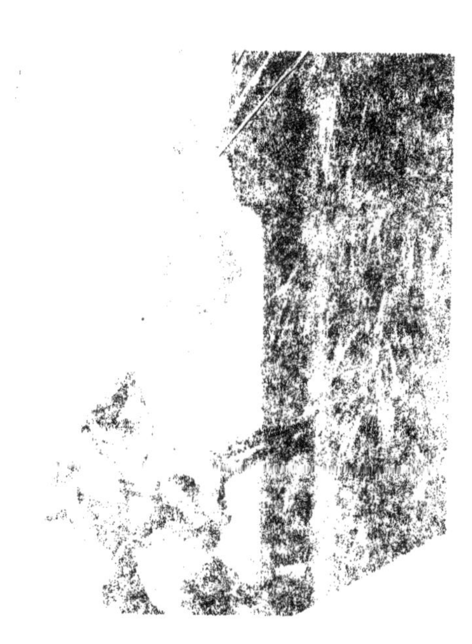

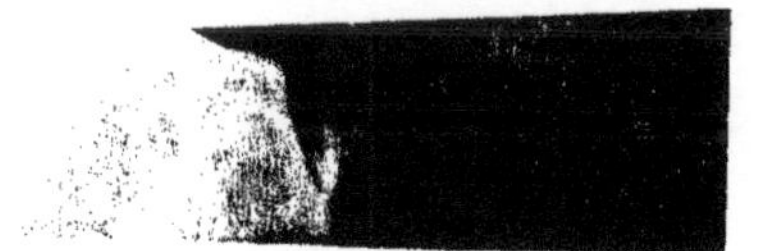

FROMENTIN

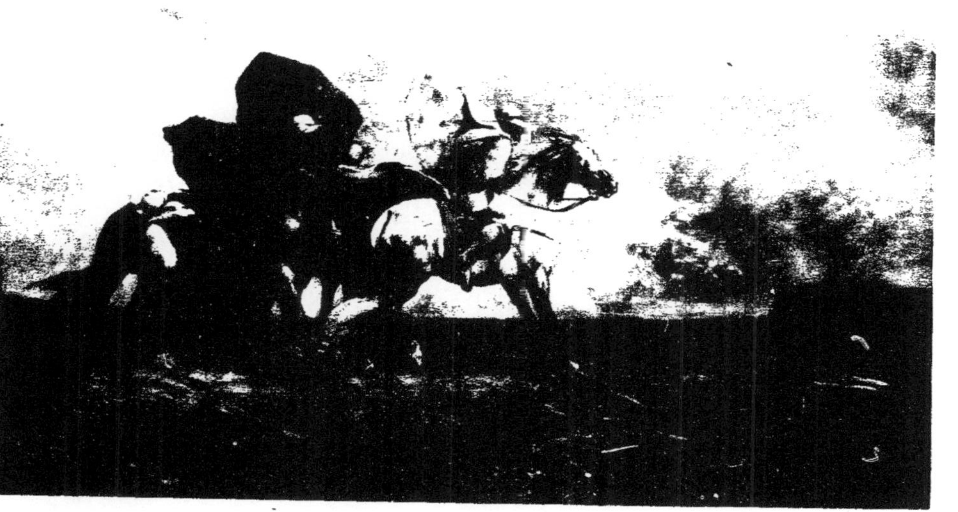

Phototypie Berthaud, Paris.

N° 30

GUILLAUMIN

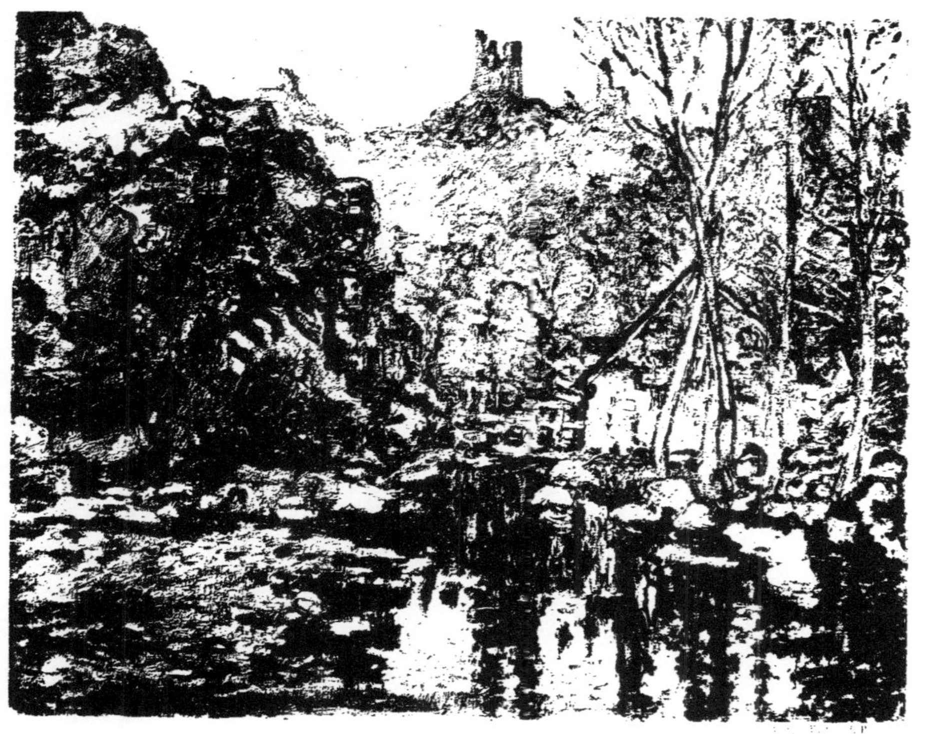

N° 32

GUILLAUMIN

(A.)

31 — *Rocher à Saint-Palais. 6 août 1892.*

Au bord de la mer, sur la grève parsemée de blocs de pierre, la masse imposante d'un rocher abrupt se détache, en note claire, sur le flot azuré.

Au loin et vers la gauche, les rochers limitent l'horizon; à droite, le panache de fumée d'un vapeur.

Signé à gauche.

Toile. Haut., 73 cent.; larg., 92 cent.

GUILLAUMIN

(A.)

32 — *Crozan, novembre 93. Le Moulin Brigaud et les Ruines, 4 heures du soir.*

La rivière est bordée, à droite, par les constructions du moulin Brigaud qu'abrite une montagne, dont le sommet est occupé par les ruines d'un château.

Signé à gauche.

Toile. Haut., 65 cent.; larg., 81 cent.

GUILLAUMIN

(A.)

33 — *Crozan, 1894. Les Derniers jours d'octobre. L'Écluse du pont Charraut, 9 heures du matin.*

Espacés sur la berge, les arbres, au feuillage doré par l'automne, bordent la rivière dont le cours sinueux est longé, à gauche, par une route qui mène aux sommets escarpés occupant le fond du paysage.

Ciel clair.

Signé à gauche.

Toile. Haut., 65 cent.; larg., 81 cent.

GUILLAUMIN

(A.)

34 — *La Moisson.*

Dans un vaste champ ensoleillé se dressent de nombreuses meules ou moyettes. L'horizon est coupé par une vaste colline.

Signé à gauche.

Toile. Haut., 58 cent.; larg., 72 cent.

GUILLAUMIN

(A.)

35 — *La Route du Château d'Agay.*

Longeant l'Océan, qui s'étend vers la droite, la route monte vers le sommet d'un promontoire escarpé où quelques arbres robustes détachent, sur le ciel clair, leur feuillage échevelé par les vents du large.

Signé à gauche.

Toile. Haut., 50 cent.; larg., 61 cent.

GOENEUTTE
(NORBERT)

36 — *La Copiste du Louvre.*

Devant une des fresques de Botticelli, que copie une imperturbable miss serrée dans sa robe fourreau verte, passent quelques artistes ou amateurs d'art : Marcelin Desboutin, Roger Marx, Arsène Alexandre, le graveur Henri Guérard, le peintre Victor Vignon et enfin Norbert Gœneutte, lui-même.

Signé à gauche et daté : *Paris, 1892.*

Toile. Haut., 70 cent.; larg., 90 cent.

HARPIGNIES
(HENRI)

37 — *Jardin à Plagny, près Nevers.*

Deux dames, portant chacune un petit parasol, se promènent dans une prairie coupée de haies et plantée de grands arbres; on aperçoit au loin des constructions.

Signé et daté : *1858.*

Toile. Haut., 49 cent.; larg., 79 cent.

HARPIGNIES
(HENRI)

38 — *La Promenade au bord de l'eau.*

Une dame en corsage blanc se promène au bord d'une rivière dans un paysage boisé, éclairé par les derniers rayons du soleil.

Signé à gauche.

Bois. Haut., 27 cent.; larg., 21 cent.

HARPIGNIES

(HENRI)

39 — *La Chasse au canard.*

Un chasseur accompagné d'un chien est à l'affût derrière une haie couverte de neige ; un vol de canards passe sur un étang gelé.

Signé et daté.

Bois. Haut., 20 cent. ; larg., 34 cent.

HÉREAU

(JULES)

40 — *Le Retour de la pêche.*

Un marin, des femmes, une fillette portant des filets et des paniers reviennent sur la plage à marée basse; au large, des bateaux.

Signé à gauche.

Toile. Haut., 60 cent.; larg., 73 cent.

JACOMIN

41 — *La Clairière.*

Signé à droite.

Toile. Haut., 17 cent.; larg., 23 cent.

JACQUE
(CHARLES)

42 — *Nature morte.*

Une cruche de faïence, une bouillotte et un plat de cuivre réunis sur le sol.
Signé à droite et daté : *1870*.

Toile. Haut., [illegible]4 cent.; larg., 44 cent.

LEBOURG
(ALBERT)

43 — *Vue de Rouen.*

Des bateaux sont amarrés à droite contre un quai. Dans le fond, des collines boisées sous un ciel chargé de nuages précurseurs d'un orage.
Signé à droite.

Toile. Haut., 35 cent.; larg., 65 cent.

MICHEL
(GEORGES)

44 — *Le Chemin à travers la plaine.*

A travers la plaine, le chemin serpente au milieu d'un terrain accidenté. A droite, de chaque côté d'un vieux saule au tronc noueux, une barrière de bois protège les piétons contre une chute dans le déblai d'une carrière abandonnée. Dans le ciel, de grands nuages d'orage.

Toile. Haut., 50 cent.; larg., 65 cent.

MONET

(CLAUDE)

15 — *Cour de ferme.*

Au milieu d'une cour entourée de constructions couvertes de tuiles, un paysan porte un panier. Deux chevaux de trait sont à l'abreuvoir : dans le fond, à droite, des poules, des canards.

La paille étendue sur le sol brille sous un vif rayon de soleil.

Signé à droite.

Toile. Haut., 54 cent.; larg., 80 cent.

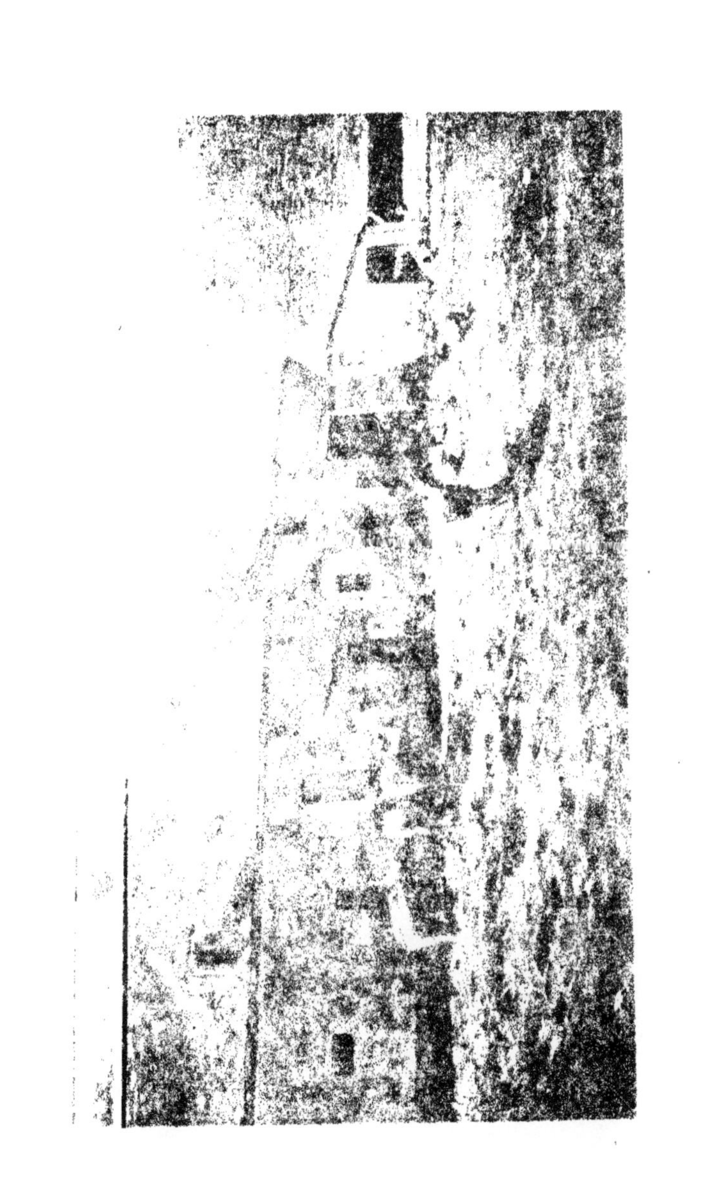

CLAUDE MONET

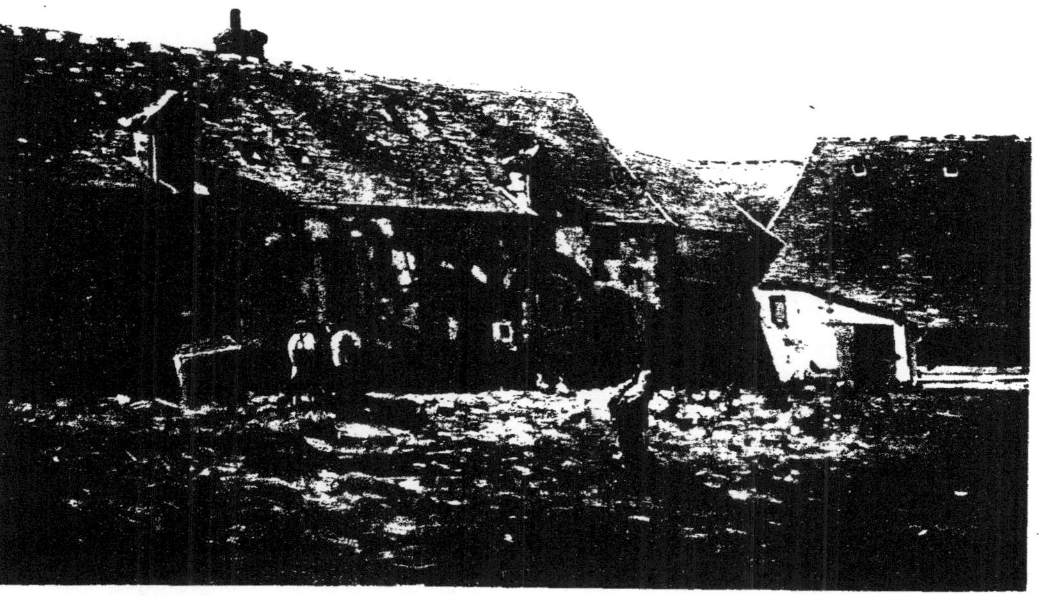

Phototypie Berthaud, Paris

N° 45

PETITJEAN

46 — *Le Port du Havre.*

Signé à gauche et daté : *1888.*

Toile. Haut., 49 cent.; larg., 68 cent.

PISSARRO

(CAMILLE)

47 — *Paysage.*

Au premier plan, un pré limité à droite et à gauche par de grands arbres.

Au loin, dans une clairière, les maisons d'un village aux toits de tuiles rouges.

Ciel bleu, avec quelques nuages.

Signé à droite et daté : *80.*

Toile. Haut., 72 cent.; larg., 59 cent.

PISSARRO

(CAMILLE)

48 — *Des Arbres jeunes dans une prairie, un matin d'été.*

Au premier plan, des foins fraîchement coupés.

Signé à gauche et daté : *1890.*

Toile. Haut., 22 cent.; larg., 27 cent.

RAFFAELLI

(JEAN-FRANÇOIS)

49 — *Enfants dans un square à Jersey.*

Toile. Haut., 37 cent.; larg., 45 cent.

RAFFAELLI

(JEAN-FRANÇOIS)

50 — *Les Deux Buveurs.*

Dans un coin de banlieue, deux vieillards sont accoudés à la modeste table qu'abrite un pan de mur, et dégustent leur litre de vin.

A droite, au delà d'un treillage, des terrains vagues où l'on aperçoit une cheminée d'usine.

Panneau.

Signé à droite.

Haut., 25 cent. 1/2; larg., 26 cent. 1/2.

ROQUEPLAN

(CAMILLE)

51 — *Le Repos.*

Une jeune femme, assise sur un tertre, tient un enfant nu debout entre ses genoux ; elle lui offre une orange. A droite, un vieillard assis au pied d'un arbre. Plus loin, une autre femme, un enfant et un mouton.

Signé à gauche et daté : *1840.*

Toile. Haut., 64 cent.; larg., 50 cent.

ROQUEPLAN

(CAMILLE)

52 — *Vue d'une rue de Rouen.*

Bois. Haut., 31 cent.; larg., 22 cent.

SISLEY
(ALFRED)

53 — *Bords de rivière.*

Deux chalands sont remorqués par un bateau à vapeur. A gauche, un homme debout dans une légère embarcation.

Signé et daté : 84.

Toile. Haut., 33 cent.; larg., 45 cent.

TROYON
(CONSTANT)

54 — *Deux Paysannes dans la campagne.*

Signé à gauche.

Toile. Haut., 33 cent.; larg., 46 cent.

THURNER
(GABRIEL)

55 — *Nature morte.*

Soupière, pêches, raisin et balances.

Signé à droite.

Toile. Haut., 48 cent.; larg., 63 cent.

THURNER
(GABRIEL)

56 — *Moutons sous la garde d'un berger.*

Signé à droite.

Toile. Haut., 32 cent.; larg., 40 cent.

VOLLON

(ANTOINE)

57 — *Nature morte.*

Un saladier de faïence blanche, à dessins bleus, contenant de nombreux abricots, est posé sur une table couverte d'une étoffe de velours vert.

A gauche, quelques cerises, puis une chope en orfèvrerie et un samovar en argent.

Signé à gauche.

Toile. Haut., 55 cent.; larg., 46 cent.

58 — Sous ce numéro, qui sera divisé, seront vendus des tableaux et dessins non catalogués.

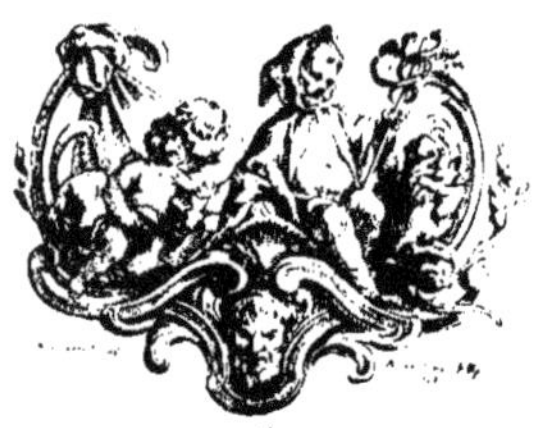

www.ingramcontent.com/pod-product-compliance
Ingram Content Group UK Ltd.
Pitfield, Milton Keynes, MK11 3LW, UK
UKHW020500180726
13839UKWH00004B/1836